LOI

PORTANT RÉFORME DU RÉGIME

DES

pensions Civiles

et des pensions Militaires

DU 14 AVRIL 1924

(Promulguée au Journal Officiel du 15 Avril 1924)

HUÉ
IMPRIMERIE DAC-LAP
Bui-huy-Tin & Cie

—

1925

LOI

portant réforme du régime des pensions civiles et des pensions militaires (1)

DU 14 AVRIL 1924

(Promulguée au Journal Officiel du 15 Avril 1924)

Le **Sénat** et la **Chambre des députés** ont adopté,
Le **Président de la République** promulgue la loi
dont la teneur suit :

DISPOSITIONS GÉNÉRALES

Article premier. — Les dispositions de la présente
loi s appliquent aux fonctionnaires civils et aux employés appartenant au cadre permanent de l'Administration ou des établissements de l'État, aux militaires
et marins de tous grades des armées de terre et de
mer, au personnel civil admis au bénéfice de la
législation des pensions militaires, ainsi qu'à leurs
veuves et leurs orphelins.

---

(1) Chambre des députés : Dépôt le 8 Juillet 1921, N· 3070 ;
Rapport de M. Lugol le 1er Avril 1922, N· 4225 ; Avis de M. Le
Brecq le 1er Février 1923, N· 5516 ; Rapport supplémentaire de
M. Lugol le 15 Mai 1923, N· 5928 ; 2e Rapport supplémentaire de
M. Lugol le 5 Juin 1923, N· 6102 ; 3e Rapport supplémentaire de
M. Lugol le 8 Juin 1923, N· 6125 ; Adoption le 15 Juin 1923. — Sénat ;
Transmission le 5 Juillet 1923 N· 565 ; Rapport de M. H. Bérenger
le 29 Novembre 1923 N· 763 ; Rapport supplémentaire de M.
Bérenger le 13 Décembre 1923, N· 820 ; Adoption le 14 Décembre
1923 — Chambre des députés : Retour le 19 Décembre 1923 N·6843 ;
Rapport de M Lugol le 5 Mars 1924, N· 7216 ; Rapport supplémentaire de M. Lugol le 21 Mars 1924 N· 7371 ; 2e Rapport supplémentaire de M. Lugol le 4 Avril 1924 N· 7502 ; Adoption le
5 Avril 1924. — Sénat : Retour le 8 Avril 1924, N· 296 ; Rapport
de M. L. Pasquet le 8 Avril 1924, N· 332 ; Adoption le 12 Avril 1924

Art. 2. — La pension civile ou militaire est basée sur la moyenne des traitements, soldes et émoluments de toute nature, soumis à retenue, dont l'ayant-droit a joui pendant les trois dernières années d'activité.

Le minimum de la pension allouée à titre d'ancienneté de services est, en principe, fixé à la moitié du traitement moyen ou de la solde moyenne. Toutefois, il est élevé aux trois cinquièmes (3/5) sans pouvoir excéder quatre-mille francs (4.000 francs), lorsque le traitement moyen ou la solde moyenne ne dépasse pas huit mille francs (8.000 francs).

Le minimum de la pension est accru, au delà de la durée des services exigée pour obtenir droit à pension à raison :

D'un soixantième (1/60) des émoluments moyens pour chaque année de services civils rendus dans la partie sédentaire ;

D'un cinquantième (1/50) des émoluments moyens pour chaque année de services rendus dans la partie active ou dans les armées de terre et de mer.

La pension telle qu'elle est déterminée par l'application des dispositions ci-dessus, est majorée de dix pour cent (10 p. 100) pour tous titulaires ayant élevé trois enfants jusqu'à l'âge de 16 ans. Si le nombre des enfants élevés jusqu'à l'âge de 16 ans est supérieur à trois, des majorations supplémentaires de cinq pour cent (5 p. 100) sont ajoutées pour chaque enfant au delà du troisième. Cette majoration ne se cumule pas avec l'indemnité pour charges de famille.

Lorsque, à la cessation de l'activité, le bénéficiaire d'une pension d'ancienneté ou d'invalidité de la présente loi aura des enfants âgés de moins de 16 ans, sa pension sera majorée des indemnités pour charges de famille dont il bénéficiait pendant l'activité.

Sous réserve des dispositions des articles 34 et 80, le montant des pensions civiles et militaires ne peut dépasser les trois quarts (3/4) du traitement moyen ou de la solde moyenne, ni excéder dix-huit mille francs (18.000 francs).

Art. 3. — Les bénéficiaires de la présente loi supportent une retenue de six pour cent (6 p. 100) sur les sommes payées à titre de traitement fixe ou éventuel, de soldes et accessoires de solde, de préciput, de suppléments de traitement ou de solde, de remises proportionnelles de commissions ou constituant un émolument personnel faisant corps avec le traitement ou la solde.

A cette retenue s'ajoutent, le cas échéant, celles qui sont prélevées pour cause de congé, d'absence ou par mesure disciplinaire.

Art. 4. — Les suppléments de traitement et indemnités prévus et visés par l'article 57 de la loi du 30 Avril 1921, par l'article 70 de la même loi, sous réserve des indemnités non soumises à retenue, énumérées à l'article 66 de la dite loi, par la loi du 16 Juillet 1921, par l'article 117 de la loi du 31 Décembre 1921, par la loi du 30 Novembre 1922 et par la loi du 30 Juin 1923, et de façon générale les indemnités constituant des suppléments de traitement, à l'exclusion des indemnités spéciales ou présentatives de dépenses, entrent en compte dans le calcul de la pension et sont soumises à la retenue de six pour cent (6 p. 100).

Les fonctionnaires ayant bénéficié des suppléments de traitement visés à l'alinéa précédent devront verser rétroactivement, s'il y a lieu, la retenue de six pour cent (6 p. 100) sur les suppléments de traitement qui entreront en compte dans le calcul de leur trailement moyen des trois dernières années.

Le montant de ces retenues sera prélevé sur les arrérages de leur retraite sans que ce prélèvement puisse réduire ces arrérages de plus d'un cinquième (1/5).

. Art. 5. — Jusqu'à revision générale des traitements, soldes et indemnités de toutes natures, prévues par l'article 39 de la loi du 30 Avril 1921, les retenues sur la solde des militaires et marins demeurent fixées par la législation en vigueur.

Jusqu'à cette même date, leur pension sera calculée en tenant compte de la solde métropolitaine de présence à terre proprement dite, augmentée des indemnités temporaires de solde et de l'indemnité pour charges militaires au taux le plus réduit dans chaque grade.

Pour le calcul de la pension, la solde de base des officiers mariniers du corps des équipages de la flotte sera augmentée d'une allocation forfaitaire de vivres fixée à un franc cinquante centimes (1 f. 50) par jour.

Art. 6. — Pour les agents rétribués par des remises ou salaires variables, un règlement d'administration publique déterminera la quotité du traitement sur laquelle devront porter les retenues.

Les fonctionnaires de l'enseignement y compris les professeurs de collèges communaux, subissent les retenues sur les traitements déterminés par les lois et les décrets crganiques, à l'exclusion des subventions obligatoires ou facultatives des départements et des communes.

Art. 7. — Les retenues légalement perçues ne peuvent être répétées. Celles qui ont été irrégulièrement prélevées n'ouvrent aucun droit à pension. Dans ce cas, le remboursement sans intérêt peut en être réclamé par les ayants-droit.

TITRE 1er

Fonctionnaires et employés civils

CHAPITRE I

Pensions d'ancienneté

Art. 8. — Le droit à pension d'ancienneté est acquis à 60 ans d'âge et trente ans accomplis de services effectifs.

Il suffit de 55 ans d'âge et de vingt-cinq ans de services pour les fonctionnaires ou employés qui ont passé quinze ans dans la partie active.

Les limites d'âge sont fixées, suivant les services et les catégories d'emploi, par des règlements d'administration publique.

Est dispensé de la condition d'âge, établie aux premiers paragraphes du présent article, le titulaire qui est reconnu par le Ministre, après avis du médecin assermenté, hors d'état de continuer ses fonctions.

Art. 9. — Les services civils rendus hors d'Europe par les bénéficiaires de la présente loi sont comptés pour un tiers en sus de leur durée effective, Ils sont comptés seulement pour un quart dans les les services sédentaires rendus dans les territoires civils de l'Afrique du Nord.

L'âge exigé par article 8 pour avoir droit à une pension d'ancienneté est réduit d'un an pour chaque période de trois ans de services sédentaires ou de deux ans de services actifs acccomplis hors d'Europe.

Art. 10. — Les services civils y compris les services auxiliaires, temporaires ou d'aide accompli dans différents établissements ou administrations de l'Etat, ne sont comptés qu'à partir de l'âge de 18 ans, sous réserve du versement rétroactif. lors de l'admission définitive dans les cadres, des retenues légales calculées sur le traitement initial de fonctionnaire titulaire.

L'article 85 de la loi du 8 Avril 1910 est applicable au temps de surnumérariat ou de stage accompli après l'âge de 18 ans.

Pourront faire état, pour la retraite, des services visés aux paragraphes précédents. les fonctionnaires titulaires en exercice lors de la promulgation de la présents loi.

Art. 11. — Les fonctionnaires et employés civils sont admis à la retraite sur leur demande ou peuvent y être admis d'office

La demande de mise à la retraite doit faire l'objet d'un préavis de six mois de la part de l'intéressé.

Art. 12. — Les services militaires accomplis dans les armées de terre et de mer concourent avec les services civils pour la détermination du droit à pension. Ils sont comptés pour leur durée effective.

Art. 13. — Les services militaires qui n'ont donné lieu ni à pension ni à solde de réforme sont liquidés, soit comme services militaires, d'après le taux qui leur

serait applicable au moment de la cessation desdits services, soit comme services civils actifs, suivant que l'une
ou l'autre de ces liquidations est plus favorable au
fonctionnaire.

Les services militaires qui ont déjà été rémunérés
soit par une pension de retraite, soit par une pension ou
solde de réforme, n'entrent pas dans le calcul de la
liquidation. Toutefois, pour les retraités militaires ter-
minant leur carrière dans un emploi civil, si la liquidation civile du temps de service obligatoire donne un
produit supérieur à la liquidation militaire de cette
période, la pension civile sera majorée de la différence
entre la liquidation civile et la liquidation militaire.

Art. 14. — Les bénéfices de campagne, supputés
comme il est dit aux articles 36 et 37 ci-après, sont attri-
bués aux fonctionnaires et employés civils, anciens combattants. qui peuvent y prétendre, lorsqu'ils réunissent
les conditions voulues pour l'admission à la retraite.

Il en est de même des services aériens exécutés par
le personnel civil, donnant droit à des bonifications, telles
qu'elles sont déterminées par l'article 37 ci-après. relatif
au personnel militaire ou marin. Ces services conféreront
d'autre part, pour chaque période de deux années de
services aériens, une réduction d'une année de l'âge
minimum de la retraite.

Les bénéfices de campagne sont liquidés sur la base
d'un cinquantième (1/50e) du traitement moyen.

Art. 15. — Les fonctionnaires et employés civils qui,
détachés dans les conditions prévues à l'article 33 de la
loi du 30 Décembre 1913 sans cesser d'appartenir au
cadre permanent d'une administration publique et en
conservant leurs droits à l'avancement hiérarchique,
sont rétribués en tout ou en partie sur les fonds des
départements, des communes, des colonies, d'établissements publics ou privés, des gouvernements étrangers,
continuent dans cette position d'acquérir des droits à
pension.

Ces agents doivent toutefois supporter les retenues
prévues par la présente loi sur le traitement d'activité
afférent à leur grade et à leur classe dans le service dont
ils sont détachés.

Dans ce cas, la pension est calculée sur la moyenne des traitements et émoluments dont le fonctionnaire aurait joui pendant les trois dernières années s'il eût été rétribué directement par l'Etat

Art. 16 — Est compté comme service effectif, dans la limite maximum de cinq ans, pour les droits à la retraite et dans les conditions prévues par les lois et décrets en Conseil d'Etat, le temps passé dans la position de disponibilité ou de non-activité pour les fonctionnaires et employés civils, sous réserve que lesdits fonctionnaires subissent pendant ce temps sur leur dernier traitement d'activité les retenues prescrites par la présente loi.

Art. 17. — Les fonctionnaires et employés civils qui, en dehors du cas d'invalidité, viennent à quitter le service pour quelque cause que ce soit, avant de pouvoir obtenir leur admission à la retraite ont droit, dans les conditions fixées ci-après, au remboursement de la retenue subie d'une manière effective sur leur traitement.

Le produit de cette retenue, majoré de ses intérêts calculés au taux bonifié à ses déposants par la caisse d'épargne et de prévoyance de Paris à l'époque du départ, est transféré à la caisse nationale d'assurance en cas de décès pour servir à la constitution, au profit du fonctionnaire et de l'employé, d'une assurance de capital différé dont l'échéance est fixée au plus tôt à l'expiration d'un délai de cinq ans à dater du départ de l'Intéressé.

Ce transfert peut, au choix du bénéficiaire, être effectué à capital aliéné ou à capital réservé et suivant les modalités prévues par la législation de la caisse nationale d'assurance en cas de décès.

Les femmes fonctionnaires ou employées, mères de trois enfants vivants. quittant leurs fonctions sans avoir droit à pension peuvent demander le remboursement immédiat de leurs retenues bonifiées de leurs intérêts.

Les femmes fonctionnaires et employées, mariées ou mères de famille, qui auront accompli quinze années, au moins de services effectifs, ont droit à une pension de retraite calculée, pour chaque année de service, à raison d'un soixantième (1/60e) ou d'un cinquantième du traitement moyen prévu à l'article 2.

La jouissance de cette pension sera différée jusqu'à l'époque où les intéressés auraient acquis le droit à pension d'ancienneté.

Les fonctionnaires qui, ayant quitté le service, ont été remis en activité, sont dans l'Administration dont ils faisaient partie, soit dans une autre administration publique, bénéficient, pour la retraite, de la totalité des services qu'ils ont rendus à l'Etat sous condition que l'intéressé reverse au Trésor les retenues qui éventuellement, lui auraient été remboursées

Art. 18. — Les femmes fonctionnaires ou employées bénéficieront d'une bonification d'âge et de service d'une année pour chacun des enfants qu'elles auront eus.

CHAPITRE II

Pensions pour invalidité

Art. 19. — Peuvent exceptionnellement obtenir pension, quels que soient leur âge et la durée de leur activité, les fonctionnaires et employés civils qui ont été mis hors d'état de continuer leur service, soit par suite d'un acte de dévouement dans un intérêt public, soit en exposant leurs jours pour sauver la vie d'une ou de plusieurs personnes, soit par suite de lutte soutenue ou d'attentant subi à l'occasion de leurs fonctions.

La pension, dans ce cas, est égale aux trois quarts du dernier traitement d'activité.

Art 20. — Lorsque les fonctionnaires et employés civils se trouvent dans l'impossibilité absolue de continuer leur service par suite de maladie, de blessures ou d'infirmités graves dûment établis, ils peuvent être admis à la retraite, soit sur leur demande, soit d'office.

L'invalidité devra être constatée par une commission composée comms suit :

1· Un Médecin assermenté de l'Administration ;

2· Trois agents désignés par le Ministre ;

3· Deux agents du même service que l'Intéressé et élus par leurs collègues.

L'intéressé a le droit de prendre connaissance de son dossier et de faire entendre, par la commission de réforme un médecin de son choix.

En cas d'invalidité constatée, ainsi qu'il est dit ci-dessus, les fonctionnaires et employés civils ont droit, quels que soient leur âge et la durée de leur activité, à une pension immédiate dont le montant est déterminé dans les conditions prévues ci-après.

Art 21. — Si le fonctionnaire ou employé civil est atteint d'une invalidité qui résulte de l'exercice de ses fonctions, il lui est alloué une pension dont le montant est égal au tiers du dernier traitement d'activité, sans que cette pension puisse être inférieure à mille cinq cents francs (1.500 fr.) ou à la pension d'ancienneté, calculée, pour chaque année de services, à un trentième (1/30e) ou à un vingt-cinquième (1/25e) de la pension minimum mentionnée à l'article 2, ces services étant accrus, s il y a lieu, de la bonification coloniale et des bénéfices de campagne.

Toutefois, en raison du risque colonial, les pensions des fonctionnaires coloniaux retraités pour blessures ou infirmités contractées en service ne pourront être inté- rieures au minimum de la pension d'ancienneté afférente au dernier traitement d'activité, les services étant accrus des bonifications coloniales et du bénéfice des campagnes.

Art. 22. — Lorsque l'invalidité ne résulte pas de l'exercice des fonctions, le fonctionnaire ou employé civil qui compte au moins quinze ans de services boni- fiés, le cas échéant. comme il est dit à l'article précédent, a droit à une pension calculée à raison d'un soixantième (1/60e) ou d'un cinquantième (1/50e) du traitement moyen.

Si la durée des services du fonctionnaire ou employé civil invalide n'atteint pas quinze années, il est alloué à celui-ci une rente viagère, à jouissance immédiate, constituée à la caisse nationale des retraites pour la vieillesse, par le versement à cette institution du montant des retenues effectivement prélevées sur son traitement, lesdites retenues augmentées de leurs inté- rêts calculés au taux bonifié à ses déposants par la caisse d'épargne et de prévoyance de Paris à l'époque de cessation des fonctions. Ce versement est, au gré de l'intéressé, opéré à capital aliéné ou à capital réservé et suivant les modalités de la caisse nationale des retraites pour la vieillesse.

Au montant de la rente ainsi constituée s'ajoute une subvention définitive de l'Etat égale au montant du capital constitutif de ladite rente et versée à capital aliéné à la caisse nationale des retraites pour la vieillesse.

CHAPITRE III

Pensions aux veuves et orphelins des.
Fonctionnaires et employés civils.

Art. 23. — Les veuves des fonctionnaires et employés civils ont droit à une pension égale à cinquante pour cent (50 p. 100) de la retraite d'ancienneté ou d'invalidité obtenue par leur mari ou qu'il aurait obtenue le jour de son décès, suivant que la durée de ses services lui eût donné droit à cette date à une pension d'ancienneté ou à une pension d'invalidité.

Ce droit à pension est subordonné à la condition, s'il s'agit d'une pension d'invalidité, que le mariage soit antérieur à l'événement qui a amené la mise à la retraite ou la mort du mari et, s'il s'agit d'une pension d'ancienneté, que le mariage ait été contracté deux ans avant la cessation de l'activité, à moins qu'il existe un ou plusieurs enfents issus du mariage antérieur à cette cessation.

Chaque orphelin a droit, en outre, jusqu'à l'âge de 21 ans, à une pension temporaire égale à dix pour cent (10 p. 100) de la retraite d'ancienneté ou d'invalidité visée ci-dessus, sans toutefois que le cumul de la pension de la mère et celle des orphelins puisse excéder le montant de la pension attribuée ou qui aurait été attribuée au père. S'il y a un exécédent, il est procédé à la réduction temporaire des pensions d'orphelins.

Au cas de décès de la mère ou si celle-ci est inhabile à obtenir pension ou déchue de ses droits, les droits qui lui appartiendraient passent aux enfants âgés de moins de 21 ans, et la pension temporaire de dix pour cents (10 p. 100) est maintenue, à partir du deuxième, à chaque enfant mineur de 21 ans, dans la limite du maximum fixé à l'alinéa précédent.

Les enfants naturels reconnus sont assimilés aux orphelins de père et de mère.

Les pensions attribuées aux enfants ne peuvent pas, au total, être inférieures au montant des indemnités pour charges de famille dont le père bénéficierait de leur chef s'il était vivant.

Art. 24. — Lorsqu'il existe une veuve et des enfants mineurs de deux lits par suite d'un mariage antérieur du fonctionnaire ou employé, la pension de la veuve est maintenue au taux de cinquante pour cent (50 p. 100) ; celle des orphelins est fixée pour chacun d'eux à dix pour cent (10 p. 100) dans les conditions prévues au troisième alinéa de l'article 23,

Lorsque les enfants mineurs issus des deux lits sont orphelins de père et de mère, la pension qui aurait été attribuée à la veuve se partage par parties égales entre chaque groupe d'orphelins, la pension temporaire de 10 pour cent (10 p. 100) étant, dans ce cas, attribuée dans les conditions prévues au quatrième alinéa de l'article 23.

Art. 25. — Les orphelins mineurs d'une femme fonctionnaire ou employée décédée en jouissance de pension ou en possession de droits à pension par application des dispositions de la présente loi, ont droit à pension dans les conditions prévues au quatrième paragraphe de l'article 23.

Si le père est vivant, les enfants mineurs ont droit à une pension temporaire réglée, pour chacun d'eux, à raison de 10 pour cent (10 p. 100) du montant de la pension attribuée ou qui aurait été attribuée à la mère.

Toutefois, les pensions attribuées aux enfants ne peuvent pas, au total, être inférieures au montant des indemnités pour charges de famille dont la mère bénéficierait de leur chef si elle était en vie.

Art. 26. — La femme séparée de corps ou divorcée, lorsque le jugement a été prononcé contre elle, ne peut prétendre à la pension de veuve ; les enfants, s'il y en a, sont considérés comme orphelins de père et de mère et ont droits à la pension déterminée à l'article 23, quatrième alinéa.

En cas de divorce postérieur à la présente loi et prononcé au profit de la femme, celle-ci aura droit, ainsi que les enfants mineurs, à la pension définie à l'article 23.

En cas de remariage du mari, si celui-ci a laissé une veuve ayant droit à pension, cette pension sera, le cas échéant, partagée par moitié entre la veuve et la femme divorcée; au décès de l'une, sa part accroîtra à l'autre, sauf réversion de droit au profit d'enfants mineurs.

Art. 27. — Si la veuve se remarie, elle peut, à l'expiration de l'année qui suit son nouveau mariage, renoncer à sa pension. Dans le cas, elle a droit au versement immédiat d'un capital représentant trois annuités de cette pension, et la pension, si le défunt a laissé des enfants mineurs, est transférée sur leur tête jusqu'à ce que le dernier d'entre eux ait atteint 21 ans.

CHAPITRE IV

Dispositions spéciales.

Art. 28. — Les fonctionnaires et employés civils de l'Afrique du Nord, des colonies, pays de protectorat et à mandat, dont les emplois conduisent à pension de l'Etat sont soumis, ainsi que leurs ayants-droit, à l'application des règles tracées aux dispositions générales et aux chapitres 1er, II, III du présent titre pour les fonctionnaires et employés civils.

Toutefois, le minimum de mille cinq cents francs (1.500) prévu à l'article 21 n'est pas applicable aux agents dont les émoluments assujettis à retenues pour pension ne dépassaient pas trois mille francs (3.000f.). Il est, dans ce cas, fixé à la moitié desdits émoluments.

Art 29. — Les fonctionnaires et employés civils, entrés dans les administrations de l'Etat après l'âge de 30 ans et qui ne pourraient prétendre, à l'âge de

60 ans, à la pension d'ancienneté prévue à l'article 8 de
la présente loi, auront droit à 60 ans à une pension
calculée à raison d'un trentième (1/30e) ou d'un vingt-
cinquième (1/25e de la pension minimum d'ancienneté
pour chaque année de services.

Les articles 15 de la loi du 30 Avril 1920 et 31 de
la loi du 29 Avril 1921 sont abrogés, sauf en ce qui
concerne les agents qui, déjà affiliés par application de
ces textes à la caisse nationale des retraites pour la
vieillesse, demanderaient, dans un délai de six mois,
leur maintien sous le régime de cette caisse.

TITRE   II

Militaires des armés de terre et de mer.

CHAPITRE 1er

Pensions d'ancienneté et proportionnelles.

Art. 30. — Le droit à la pensions d'ancienneté de
services est acquis, pour les officiers des armées de
terre et de mer, à trente ans accomplis de services
militaires effectifs. et, pour les personnels militaires
non officiers, à vingt-cinq ans accomplis de services
militaires effectifs.

Toutefois, ce droit est acquis à vingt-cinq ans de
services militaires effectifs pour les officiers de toutes
armes, de tous corps ou services, des armées de terre
ou de mer lorsqu'ils comptent six ans de services
accomplis hors d'Europe ou en navigation au service
de l'Etat. Les services en navigation devront être
accomplis dans les conditions fixées par un règlement
d'administration publique.

Le temps passé par un officier des troupes coloniales
entre le 2 Août 1914 et le 11 Novembre 1918 sur l'un
quelconque des théâtres d'opérations autre que les colonies ou pays de protectorat français lui sera compté
pour la moitié de sa durée affective comme temps de
séjour aux colonies.

Sont assimilées au service en navigation les fonctions remplies par les officiers des armées de terre et de mer appartenant aux personnels volants ou navigants de l'aéronautique, sous la réserve qu'ils aient justifié durant quatre ans de services aériens exécutés dans les conditions fixées par l'article 37 ci-après.

Ont également droit à la pension d'ancienneté après vingt-cinq ans accomplis de services effectifs les officiers qui bien que ne réunissant pas six ans de services de la nature définie au paragraphe 2 ci-dessus, ont été placés en non activité pour infirmités temporaires et reconnus, par un conseil d'enquête, non susceptibles d'être rappelés à l'activité.

Les officiers qui, aux termes de l'article 116 de la loi du 30 Juin 1923 peuvent être mis à la retraite avec le grade supérieur et la jouissance de la pension de ce grade, continueront à bénéficier des avantages de cette loi, sans qu'il soit tenu compte du traitement de leurs trois dernières années d'activité.

Cette disposition s'appliquera aux officiers de cette catégorie mis à la retraite après le 1er Janvier 1923.

Art. 31. — Pour la détermination du droit à la pension militaire de retraite à titre d'ancienneté de service, le point de départ des années de services effectifs se compte d'après les règles fixées par les lois de recrutement sans que toutefois l'effet de cette disposition puisse faire remonter le point de départ des services avant l'âge de 16 ans.

En ce qui concerne les élèves admis dans les grandes écoles militaires et navales et dans les écoles militaires préparatoires de l'Etat et à l'école coloniale, antérieurement à tout engagement militaire, les services effectifs se comptent du jour de l'entrée à l'école, sous réserve de la disposition restrictive visée à l'alinéa précédent.

Art. 32. — Les services civils entrent en compte pour l'établissement du droit à pension militaire.

Art. 33. — En temps de guerre, les retraités militaires rappelés à l'activité reçoivent la solde d'activité et les accessoires de solde de leur grade, S'ils perçoivent une solde mensuelle, le payement de leur pension de retraite est suspendu jusqu'au moment où ils sont rendus à la vie civile.

Les prescriptions interdisant le cumul d'une solde et d'une pension militaire sont, d'autre part, suspendues, pendant toute la durée de la mobilisation, pour les retraités militaires rappelés à l'activité et touchant une solde journalière.

La pension est revisée sur la solde du grade le plus élevé en tenant compte des nouveaux services.

Art. 34. — Chaque année de services effectifs au delà du minimum de temps de service exigé pour le droit à pension et chaque année de campagne donnent droit à une majoration d'un cinquantième (1/50e) de la solde moyenne.

Toutefois, la pension ne pourra dépasser les trois quarts de la solde moyenne que pour les militaires et marins non officiers qui pourront obtenir quinze annuités supplémentaires au delà du minimum sans dépasser ce nombre.

Le minimum de la pension des caporaux et soldats ou des militaires des armées de terre et de mer de grade correspondant ne .peut être inférieur à deux mille cent vingt francs (2 120 fr.) pour les caporaux et à mille neuf cent vingt francs (1.920 fr.) pour les soldats. Les maxima sont, dans ce cas, de deux mille cinq cent cinquante francs (2.550 fr) pour les caporaux et deux mille deux cent vingt francs (2.220 fr.) pour les soldats, chaque annuité correspondant à un quinzième (1/15e) de la différence entre le maximum et le minimum.

Art. 35. — Les officiers généraux placés dans la 2e section de l'état-major général reçoivent une solde égale au taux de la pension à laquelle ils auraient droit s'ils étaient retraités.

Art. 36. — Aux militaires de tous grades de l'armée de terre ainsi qu'aux personnels militaires des différents corps de la marine réunissent les conditions voulues pour l'admission à pension de retraite, il est attribué en sus de la durée effective de leurs services à l'Etat des bénéfices de campagne décomptés selon les règles ci-après :

A. — Double en sus de la durée effective pour le service accompli en opérations de guerre :

1º Soit dans les opérations des armées françaises et des armées alliées ;

2º Soit à bord des bâtiments de guerre de l'Etat, des bâtiments de commerce au compte de l'Etat ou des mêmes bâtiments des puissances alliées.

Dans les cas envisagés ci-dessus, le bénéfice de la double campagne ne prendra fin, pour tout blessé de guerre, qu'à l'expiration d'une année complète à partir du jour où il a reçu sa blessure.

B. — Totalité en sus de la durée effective :

1· Pour le service accompli sur le pied de guerre pour tous les militaires et marins autres que ceux placés dans les positions définies au paragraphe A ci-dessus ;

2· Pour le service accompli en voyage de découverte ou d'exploration sur l'ordre du Gouvernement ;

3· Pour le temps passé en captivité pour les militaires et marins prisonniers de guerre ;

4· Pour le service accompli en Corse et dans l'Afrique du Nord par la gendarmerie.

C. — Totalité en sus ou moitié en sus de la durée effective, selon le degré d'insalubrité ou les conditions d'insécurité du territoire envisagé, lesquels seront déterminés par un règlement d'administration publique, le service accompli, soit à terre, soit à bord des bâtiments de l'Etat ou des bâtiments de commerce au compte de l'Etat :

1· En Algérie, dans les colonies, pays de protectorat ou territoires à mandat pour les militaires et marins envoyés de la Métropole, d'Algérie ou d'une autre colonie ou pays de protectorat.

Sont considérés à cet égard comme envoyés d'Europe, les militaires et marins français originaires d'Europe ou nés dans une colonie, pays de protectorat ou territoire à mandat, de père et mère tous deux Européens, de passage dans ces régions et n'y étant pas définitivement fixés ;

2· Dans un pays étranger, pour les troupes d'occupation de terre et de mer et pour les catégories de personnel désignées par décret contresigné par le ou les ministres intéressés et par le ministre des Finances.

D. — Moitié en sus de la durée effective :

1· Pour le service accompli sur le pied de paix à bord des bâtiments de l'Etat armés et dans les conditions fixées par un décret ;

2· Pour le temps passé à bord des mêmes bâtiments ou de bâtiments de commerce en temps de paix, entre la Métropole et un territoire colonial ou à mandat, de protectorat ou étranger en cas d'embarquement pour rejoindre ou quitter son poste.

E. — Moitié de la durée effective, et à titre de bonification seulement, la navigation accomplie, en temps de guerre seulement, à bord des bâtiments ordinaires du commerce.

Les bonifications ainsi acquises ne pourront jamais entrer pour plus d'un tiers dans l'évaluation totale des services admis en liquidation.

Art. 37. — En dehors des opérations de guerre, l'exécution d'un service aérien commandé donne droit à des bonifications dans la limite maximum du double en sus de la durée effective des services à l'Etat.

Des décrets rendus sur la proposition des ministres de la guerre ou de la marine ou des ministres disposant de personnels exécutant des services aériens, contresignés par le ministre des finances, détermineront les conditions dans lesquelles le service aérien droit être exécuté pour donner droit à des bonifications et en fixeront la quotité.

Dans aucun cas celles-ci ne pourront, par période de douze mois consécutifs, dépasser deux ans, ni se cumuler au delà de ce chiffre avec des bonifications obtenues pour d'autres causes.

Art. 38. — Lorsque les services effectifs sont de nature à donner à la fois des droits à plusieurs des bonifications prévues à l'article 30 ci-dessus, les bonifications ainsi allouées s'additionnent sans toutefois que la période supplémentaire fictive, accordée comme bonification, puisse jamais dépasser le double de la durée effective du service auquel elle se rapporte.

Art. 39. — Les bénéfices de campagne sont calculés sur la durée des services qu'ils rémunèrent. Toutefois, lorsqu'un nombre impair de jours de services effectifs donne lieu à bonification de moitié en sus, cette bonification est complétée à un nombre entier de jours.

Lorsque le décompte final des services effectifs et des bonifications pour campagne fait ressortir dans le total une fraction de mois, celle-ci, dans le calcul du taux de la pension à allouer est décomptée pour un douzième entier d'annuité.

Art. 40. — Le mode de décompte des bénéfices de campagne établi par la présente loi sera appliqué à tous les services accomplis à dater de la promulgation de la présente loi ; pour les services antérieurs, les règles en vigueur antérieurement à l'application de la présente loi demeureront applicables.

Art. 41. — Les pensions des militaires non officiers de la gendarmerie sont augmentées, pour chaque année d'activité passée dans la gendarmerie au delà de quinze ans de services militaires effectifs.

De cinquante-cinq francs (55 fr.) pour le chef de brigade H. C. ou de 1ère classe ;

De cinquante francs (50 fr.) pour le chef de brigade H. C. ou de 2e classe ;

De quarante-cinq francs (45 fr.) pour le chef de brigade H. C. ou de 3e classe ;

De quarante francs (40 fr.) pour le chef de brigade H. C. ou de 4e classe.

De trente-cinq francs pour le gendarme.

Le droit à ces annuités, basé sur le grade dont le militaire est titulaire à l'époque de sa mise à la retraite, et acquis après vingt-cinq ans de services effectifs. Le maximum de l'augmentation est atteint à trente ans de services effectifs.

Le militaire qui, après être sorti de la gendarmerie pour une cause quelconque, y est réadmis, ne profite de la majoration dont il s'agit que pour le temps accompli dans cette arme depuis sa réadmission.

En cas d'admission à la retraite à titre de blessures ou d'infirmités contractées au service, le bénéfice des annuités déterminé ci-dessus est acquis au militaire, mais seulement pour le nombre d'années de présence dans la gendarmerie.

Les dispositions du présent article sont applicables aux militaires de la gendarmerie maritime qui ont été versés d'office dans ce corps par suite de la suppression du personnel de surveillance des prisons maritimes. Les services accomplis par ces militaires, en qualité de surveillants des prisons maritimes, seront réputés accomplis dans la gendarmerie pour le calcul de la majoration spéciale.

Art. 42. — Les droits à pension d'ancienneté ou à pension proportionnelle pour les militaires indigènes recrutés par voie d'engagement ou d'appel individuel sont acquis dans les mêmes conditions que pour les militaires français. Le taux et les règles d'allocation desdites pensions, pour les militaires indigènes non officiers, sont fixés par des règlements d'administration publique, d'après les conditions de la vie locale.

Art 43. — Les militaires servant ou ayant servi au titre étranger ont les mêmes droits à pension que les militaires servant ou ayant servi au titre français, sauf dans le cas où ils participeraient à un acte d'hostilité contre la France. Toutefois, sous la réserve que les autres conditions requises par la présente loi pour la réversibilité de la pension seront remplies, le droit à pension n'est réversible que si l'intéressé a épousé une Française.

Art. 44. — Les militaires et marins de tous grades et de tous les corps peuvent être admis sur leur demande, après quinze ans accomplis de services effectifs et 33 ans d'âge, au bénéfice d'une pension de retraite proportionnelle calculée d'après les règles ci-après :

Si le total des services effectifs et des annuités pour bénéfices de campagne est égal ou inférieur à vingt-cinq ans, pour les militaires ou marins non officiers et pour les officiers réunissant, d'autre part, six années de services hors d'Europe ou en navigation au service de l'Etat, ou à trente ans pour les officiers ne réunissant pas cette dernière condition, le taux de la pension est égal, suivant le cas, à autant de vingt-cinquièmes ou de trentièmes de la pension qui reviendrait à l'ayant cause s'il était admis à la retraite à titre d'ancienneté de services.

Si le total des services effectifs et des annuités pour campagnes dépasse vingt-cinq ou trente annuités, suivant le cas, la pension est liquidée comme pension d'ancienneté en ajoutant au minimum de la pension correspondant à vingt-cinq ou trente annuités, et pour chaque annuité supplémentaire, un cinquantième de la solde moyenne.

Dans tous les cas, et pour les officiers seulement, la jouissance de cette pension est différée jusqu'au jour où l'ayant-cause aurait eu droit à pension d'ancienneté ou aurait été atteint par la limite d'âge s'il était resté au service. De plus, le nombre des retraites proportionnelles d'officiers à accorder chaque année sur demande sera déterminé annuellement par la loi de finances.

Les militaires et marins venant à quitter le service pour quelque cause que ce soit, sans pouvoir prétendre à pension, auront droit au remboursement de la retenue subie d'une manière effective sur leur solde dans les conditions prévues à l'article 17, paragraphes 2 et 3.

Art. 45. — Tout officier placé en position de réforme pour infirmités incurables dans les conditions fixées par la loi du 19 Mai 1834 sur l'état des officiers et pour infirmités non imputables au service reçoit, s'il a moins de quinze ans de services effectifs à l'Etat, pendant un temps égal à la durée de ses services, une solde de réforme égale aux deux tiers du minimum de la pension qui lui serait allouée s'il était admis à la retraite à titre d'ancienneté de services.

Si la réforme est prononcée par mesure disciplinaire, le montant de la solde est fixé à la moitié de la pension,

L'officier ayant au moment de sa réforme plus de quinze ans de services à l'Etat reçoit une pensisn proportionnelle calculée dans les conditions prévues à l'article précédent pour les retraites proportionnelles. La jouissance de cette pension·est immédiate.

Si la réforme est prononcée par mesure disciplinaire, la pension est exclusive de toute majoration pour bénéfice de campagne.

Le sous-officier ou l'officier marinier qui, après avoir servi pendant cinq ans au delà de la durée légale, serait réformé sans avoir acquis des droits, soit à une pension proportionnelle, soit à une pension d'invalidité, reçoit, pendant un temps égal à la durée de ses services effectifs, une solde de réforme égale au montant de la pension proportionnelle de son grade.

Art. 46 -- Les officiers et assimilés admis dans les cadres de l'activité dans des conditions telles que la durée de leurs services, au moment où ils sont atteints par la limite d'âge, ne serait pas suffisante pour leur donner droit à une pension d'ancienneté, reçoivent une pension proportionnelle calculée dans les conditions prévues à l'article 44.

CHAPITRE II

Pension d'invalidité

Art. 47. — Les pensions d'invalidité restent fixées par la législation spéciale sur les pensions pour invalidité des militaires et marins pour toutes les invalidités contractées ou aggravées par le fait ou à l'occasion du service.

L'article 59 de la loi du 31 Mars 19,9 est étendu ·à tous les cas où l'infirmité est attribuable à un service accompli en opérations de guerre.

En aucun cas, la pension d'invalidité accordée à un militaire mis à la retraite pour infirmité le rendant définitivement incapable d'accomplir son service ne pourra être inférieure à la pension minimum d'ancienneté du grade, augmentée des annuités pour campagnes acquises par l'intéressé.

CHAPITRE III

Pensions des veuves et orphelins des militaires et marins.

Art. 48. — Sont applicables aux ayants-cause des militaires et marins dont les droits ne se trouvent pas régis par la législation spéciale des pensions pour invalidité les dispositions du chapitre III du titre 1er de la présente loi, sous réserve de la disposition particulière ci-après :

La pension des veuves des maréchaux de France est fixée à dix huit mille francs (18.000frs).

Art. 49. — La pension des ayants-cause des militaires et marins de tous grades, décédés titulaires d'une pension proportionhelle, est calculée en prenant pour base le taux de cette pension.

Les ayants-cause des militaires des armées de terre et de mer, décédés en activité de service, après quinze ans de service effectifs à l'Etat, reçoivent une pension dont le montant est également calculé d'après le taux de la pension proportionnelle à laquelle aurait pu prétendre le militaire décédé, que celui-ci ait ou non demandé le bénéfice du quatrième alinéa de l'article 41.

Art. 50 — Les droits à pension des ayants-cause des militaires et marins décédés titulaires d'une pension d'invalidité ou décédés en activité des suites blessures ou de maladies aggravées ou contractées en service sont fixés par la législation spéciale sur les pensions pour invalidité.

Lorsque les dispositions de l'article 51 ne leur sont pas applicables, la pension qui leur est dévolue ne peut être inférieure à celle qui leur reviendrait en prenant pour base celle prévue au dernier alinéa de l'article 47.

Art. 51. — Lorsqu'un militaire ou marin réunissant les conditions requise pour l'obtention d'une pension fondée sur la durée des services vient à décéder, par le fait ou à l'occasion du service, en possession d'une pension réversible d'invalidité ou de droit à une pension de cette nature, ses ayants cause peuvent opter pour la pension fixée par les tarifs de la loi spéciale aux pensions d'invalidité ou pour la pension de réversion fixée par la présente loi.

Dans ce dernier cas, la pension de réversion d'ancienneté est augmentée de la pension à laquelle la veuve ou des orphelins d'un soldat décédé en possession des droits et dans les conditions spécifiées ci-dessus, pourraient prétendre en vertu de la loi spéciale aux pensions d'invalidité.

Art. 52. — Les droits des ayants cause des militaires ou marins indigènes de l'Algérie, des colonies, pays de protectorat et territoire à mandat, appelés ou engagés dans les conditions prévues à l'article 42 seront déterminés par des réglements d'administration publique qui statueront, pour chaque colonie, d'après les conditions de la vie locale.

CHAPITRE IV

Dispositions spéciales

Art. 53. — Les inspecteurs des colonies, ainsi que leurs ayants cause, sont soumis aux dispositions générales et à l'application des règles tracées aux chapitres 1er, II, III du présent titre pour les militaires des armées de terre et de mer.

Les surveillants militaires des établissements pénitentiaires coloniaux ainsi que leurs ayants cause sont soumis aux mêmes dispositions.

TITRE III

Dispositions d'ordre communes aux pensions civiles et militaires

Art. 54. — Les pensions instituées par la présente loi sont incessibles et insaisissables, sauf en cas de débet envers l'Etat, les services locaux des colonies ou pays de protectorat, ou pour les créances privilégiées aux termes de l'article 2101 du Code civil et dans les circonstances prévues par les articles 203, 205, 206, 207 et 214 du même code.

Les débets envers l'Etat, ainsi que ceux contractés envers les services locaux des colonies ou pays de protectorat, rendent les pensions passibles de retenues jusqu'à concurrence d'un cinquième de leur montant. Il en est de même pour les créances privilégiées. Dans les autres cas, prévus au précédent alinéa, la retenue peut s'élever jusqu'au tiers du montant de la pension.

La retenue du cinquième et celle du tiers peuvent s'exercer simultanément.

En cas de débets simultanés envers 1 Etat et les colonies ou pays de protectorat, les retenues devront être effectuées en premier lieu, au profit de l'Etat.

Art. 55. — Lorsqu'un bénéficiaire de la présente loi, titulaire d'une pension, a disparu de son domicile et que plus d'un an s'est écoulé sans qu'il ait réclamé les arrérages de sa pension, sa femme ou les enfants mineurs qu'il a laissés peuvent obtenir, a titre provisoire, la liquidation des droits de réversion qui leur seraient ouverts par les dispositions de la présente loi.

La même règle peut être suivie à l'égard des orphelins lorsque la mère pensionnée ou en possession de droits à pension a disparu depuis plus d'un an..

Une pension peut être également attribuée, à titre provisoire, à la femme ou aux enfants mineurs d'un bénéficiaire de la présente loi, disparu, lorsque celui-ci était en possession de droit à pension au jour de sa disparition et qu'il s'est écoulé au moins un an depuis ce jour.

La pension provisoire est convertie en pension définitive lorsque le décès est officiellement établi ou que l'absence a été déclarée par jugement passé en force de chose jugée.

Art. 56. — Le droit à l'obtention ou à la jouissance de la pension est suspendu :

Par la condamnation à la destination, prononcée par application des articles du code de justice militaire ou maritime;

Par la condamnation à une peine affictive ou infamante, pendant la durée de la peine ;

Par les circonstances qui font perdre la qualité de Français, durant la privation de cette qualité ;

Pour les veuves et femmes divorcées, par la déchéance de la puissance paternelle.

S'il y a lieu, par la suite, à la liquidation ou au rétablissement de la pension, aucun rappel pour les arrérages antérieurs n'est dû.

Art. 57. — La suspension de la pension prévue à l'article précédent n'est que partielle si le pensionnaire a une femme ou des enfants mineurs ; en ce cas, la femme ou les enfants mineurs reçoivent, pendant la durée de la suspension, la pension à laquelle ils auraient droit si le pensionnaire était décédé.

Les frais de justice résultant de la condamnation du pensionnaire ne peuvent être prélevés sur la portion des arrérages ainsi réservés au profit de la femme et des enfants.

Art. 58. — Tout bénéficiaire de la présente loi qui est constitué en déficit pour détournement de deniers de l'Etat, des départements, des communes ou établissements publics, de dépôts de fonds particuliers versés à sa caisse ou de matières reçues et dont il doit compte, ou qui est convaincu de malversations relatives à son services, perd ses droits à la pension, lors même qu'elle aurait été liquidée et inscrite.

La même disposition est applicable au fonctionnaire ou militaire convaincu de s'être démis à prix d'argent, ou à des conditions équivalant à une rémunération en argent, ainsi qu'à son complice.

Art. 59. — Les titulaires de pensions civiles et militaires d'ancienneté nommés à un emploi civil rétribué soit par l'Etat, soit par les départements, colonies ou pays de protectorat, communes ou établissements publics, ne peuvent cumuler leurs pensions avec le traitement attaché à cet emploi qu'autant que le total n'excède pas dix-huit mille francs (18.000 frs).

Si la pension et le traitement cumulés donnent une somme supérieure à ce chiffre, cette somme ne peut excéder soit le montant du dernier traitement ou de la dernière solde d'activité, augmenté des accessoires de traitement ou de solde, soit le montant du traitement correspondant à l'emploi occupé.

Dans tous les cas où la limite est dépassée, la réduction porte sur le traitement attaché à l'emploi et non sur la pension. Toutefois, les indemnités afférentes audit traitement, ayant un caractère temporaire, ou représentatives de dépenses personnelles occasionnées par la résidence ne sont pas sujettes à réduction, Les sommes attribuées à titre de supplément colonial et celles ayant un caractère de remboursement de dépense ou d'allocations non personnelles imposées par la fonction, ne rentrent pas en compte pour la détermination du maximum du cumul.

Les dispositions restrictives du cumul ne sont pas applicables aux membres de l'Institut et du bureau des longitudes, aux membres de l'ordre national de la légion d'honneur et aux médaillés militaires pour les traitements viagers qu'ils reçoivent en cette qualité, ni aux titulaires de pensions militaires proportionnelles.

Art. 60. — Les militaires ou marins de la réserve ou de la territoriale cumulent, en temps de paix pendant les exercices ou manœuvres auxquels ils sont convoqués, la pension militaire dont ils jouissent, avec la solde et les prestations militaires afférentes à leur grade, mais le temps passé sous les drapeaux dans ces conditions n'entre pas dans la supputation des services militaires donnant droit à pension ou à revision de pension.

Art. 61. — Les indemnités allouées aux titulaires de pensions militaires à raison de l'exercice de fonctions militaires sont cumulables avec la pension dans les limites fixées à l'article 59, mais les services qu'elles rémunèrent ne peuvent en aucun cas ouvrir de nouveaux droits à la retraite ou à la revision de la pension.

Art. 62. — Le cumul de plusieurs pensions servies par l'état, les départements, les colonies ou pays de protectorat, les communes ou établissements publics, est autorisé dans la limite de dix huit mille francs

(18.000 francs) au cas où cette limite est dépassée, l'excédent est retenu sur la pension servie par l'état.

Le cumul est interdit pour les pensions acquises dans l'exercice d'un même emploi.

En aucun cas, et pour quelque cause que ce soit, une veuve ne pourra cumuler sur sa tête deux pensions de réversion au titre de la présente loi. Il en est de même des orphelins.

Les dispositions du présent article ne sont pas applicables aux pensions que les lois antérieures ont affranchies des prohibitions du cumul, ni aux pensions militaires pour blessures ou infirmités pour lesquelles aucune modification n'est apportée aux dispositions en vigueur.

TITRE IV

Dispositions spéciales ou transitoires

Art. 63. — Toute nomination d'un pensionné civil ou militaire à titre d'ancienneté de service, à un emploi de l'État, des départements, des communes ou établissements publics, doit être modifiée dans les quinze jours au ministre des finances par l'autorité qui l'a prononcée.

Art. 64. — La liquidation de la pension est faite par le ministre compétent :

Lorsqu'il s'agit d'une pension civile d'invalidité attribuée dans les conditions de la présente loi ou d'une pension militaire d'invalidité ne résultant pas d'évènements de guerre, cette liquidation est soumise à l'examen de la section des finances, de la guerre, de la marine et des colonies du Conseil d'Etat. Il en est de même s'il s'agit d'une pension d'ancienneté civile ou militaire, donnant lieu soit à un désaccord entre le ministre liquidateur et le ministre des finances, soit à une demande de renvoi faite par l'un des ministres intérrssés.

Les pensions civiles sont concédées par décret contresigné par le ministre des finances. La pension est inscrite et le titre délivré après la publication au Journal Officiel.

Il n'est rien modifié, en ce qui concerne la concession des pensions militaires, aux dispositions de l'article 2, premier alinéa, de la loi du 27 Avril 1920 ; ces pensions sont concédées par arrêtés interministériels signés du ministre liquidateur et du ministre des finances.

Ampliation du décret ou de l'arrêté interministériel est délivrée à la cais-e des pensions.

Art. 65. -- Les pensions attribuées en vertu de la présente loi sont irrévocables. Elles peuvent toutefois être annulées et revisées, s'il y a lieu, dans les cas suivants, par un décret rendu sur le rapport du ministre des finances, après avis du Conseil d'Etat :

1· -- Lorsqu'une erreur matérielle de liquidation ou de concession a été commise ;

2· — Lorsque les énonciations des actes ou des pièces, sur le vu desquels la pension a été concédée, sont reconnues inexactes, soit en ce qui concerne la fonction ou le grade, le décès ou le genre de mort, soit en ce qui concerne l'état civil ou la situation de famille ;

3· — Lorsqu'il est démontré que la pension a été accordée en raison d'infirmités dont l'intéressé n'était pas atteint au monent où son droit a été constaté ;

4· — Lorsqu'un ancien fonctionnaire ou militaire dont le prétendu décès a ouvert droit à pension de veuve ou d'orphelin est reconnu vivant.

La restitution des sommes payées indûment ne peut être exigée que si l'intéressé était de mauvaise foi. La restitution sera poursuivie à la diligence de la caisse des pensions, par l'agent judiciaire du Trésor.

Art. 66. — Tout pourvoi contre le rejet d'une demande de pension ou contre sa liquidation doit être formé, à peine de déchéance, dans un délai de trois mois à dater de la notification de la décision qui a prononcé le rejet ou qui a arrêté le chiffre de la pension concédée.

Art. 67. — Les fonctionnaires ou employés civils, les militaires ou marins auxquels la présente loi est applicable, ainsi que leurs ayants droit, sont tenus, à peine de déchéance, de se pourvoir en liquidation dans un délai de cinq ans à partir de la cessation de l'activité, ou en ce qui concerne la veuve et l'orphelin, du décès de l'intéressé.

Art. 68. — Les veuves des fonctionnaires, employés et ouvriers civils, des militraires et marins qui sont décédés en activité de service avant la promulgation de la loi sans avoir droit à pension recevront une allocation annuelle qui sera de trente, quarante ou cinquante francs (30, 40 ou 50 frs) par année de service, suivant que l'agent décédé avait un traitement, solde ou salaire inférieur à trois mille ou six mille francs (3,000 ou 6.000 frs) ou un traitement, solde ou salaire de six mille francs (6.000 frs) et au-dessus.

Les veuves pourvues d'un emploi public ou d'un bureau de tabac de 1re classe, en raison des services rendus par leur mari, devront opter entre le maintien de l'emploi ou du bureau de tabac et l'allocation annuelle prévue par le présent article.

Art. 69. — Dans chaque ministère, un règlement d'administration publique déterminera, dans les six mois de la promulgation de la présente loi, les catégories de personnels dont les emplois. quelle que soit leur dénomination présente, répondent à des besoins permanents et qui, en conséquence, devront être admis au bénéfice des dispositions de la présente loi.

Art. 70. — Dans les deux mois qui suivront la promulgation de la présente loi, il sera institué une commission extraparlementaire nommée par les ministres des finances et de l'intérieur, et chargée, dans un délai de six mois, de préparer une réforme du régime des retraites des fonctionnaires, employés et ouvriers départementaux et communaux.

. Art. 71. — Il est créé une caisse intercoloniale de retraites à laquelle seront assujettis les fonctionnaires et agents des cadres locaux européens des colonies, pays de protectorat et territoires à mandat relevant du ministère des colonies dont les emplois ne conduisent pas à pension sur le Trésor public, sans qu'il y ait lieu de distinguer si ces pays possèdent ou non, actuellement des caisses ou organisations de retraites ou prévoyance.

La caisse intercoloniale est alimentée :

1· — Par des retenues opérées sur le traitement des

fonctionnaires et agents intéressés des colonies et dont le taux est celui déterminé par les articles 3 et 6 ci-dessus;

2· — Par les subventions actuellement versées aux caisses existantes sur les budgets généraux, locaux et spéciaux. Les colonies qui n'ont pas actuellement de caisses de retraites verseront des subventions fixées par décret rendu sur la proposition du ministre des colonies.

Dans le cas où les ressources de la caisse intercoloniale ne seraient pas suffisantes pour assurer le service des pensions aux ayants droits, un décret, rendu sur la proposition du ministre des colonies, fixera le quantum de la contribution supplémentaire à exiger de chacun des budgets en cause.

La caisse intercoloniale absorbera toutes les caisses ou organismes de retraites ou de prévoyance existant lors de la promulgatioa de la loi, après qu'il aura été procédé à l'apurement de leur situation.

Un décret, rendu sur la proposition du ministre des colonies fixera le montant de la contribution initiale que devront verser à la caisse intercoloniale les colonies ne possédant pas de caisses locales ou organismes de retraite ou de prévoyance ; les dépenses administratives de la caisse seront assurées par des crédits inscrits au budget du ministère des colonies et qui seront couverts par des contributions obligatoires correspondantes versées par les budgets généraux, locaux ou spéciaux au compte «Produits divers du budget de l'Etat».

Un règlement d'administration publique déterminera, dans les six mois qui suivront la mise en application de la présente loi, les modalités d'application, des diverses dispositions ci-dessus.

Les fonctionnaires visés au paragraphe 1er du présent article qui se trouveront en activité de service au moment de la mise en vigueur de la présente loi et désireront être maintenus sous le régime des dispositions antérieures auxquelles ils étaient assujettis, devront formuler, par écrit, leur option à cet égard. Celle-ci sera définitive ; elle emportera détermination du régime éventuellement applicable à la veuve ou aux orphelins. Elle devra être formulée avant l'expiration d'un délai dont la durée sera précisée par le règlement d'administration publique à intervenir.

Art. 72 — Lès services rendus dans les cadres locaux des administrations des colonies ou pays de protectorat sont admissibles pour l'établissement du droit à pension et pour la liquidation.

Lorsqu'un fonctionnaire provenant d'un service local passera au service de l'Etat, la pension, tout en étant liquidée sur l'ensemble des services, incombera pour partie à l'administration locale ou à la caisse locale de retraites à laquelle le fonctionnaire était affilié. La part contributive de ces derniers sera proportionnée à la durée des services rendus dans le cadre local.

La pension sera concédée dans les formes prévues par la présente loi et servie par l'Etat, sauf reversement par l'administration ou la caisse locale de la portion des arrérages mise à leur charge par le décret de concession.

Les administrations locales devront prévoir des mesures analogues en vue de régler les droits à la retraite des agents passant du service de l'Etat dans les cadres locaux.

Les services accomplis par les fonctionnaires et agents visés au paragraphe 2 ci-dessus ne pourrons être validés et admis dans la liquidation de la pension que si les intéressés ont effectué les versements rétro-actifs correspondants.

Art. 73. — Les militaires visés par les articles 59 et 60 de la loi du 31 Mars 1919, les veuves et orphelins visés par l'article 60 de la même loi pourront présenter une nouvelle option qui portera effet du jour de la promulgation de la loi.

Une pension proportionnelle, calculée dans les conditons de l'article 44 ci-dessus, et à jouissance immédiate, est allouée aux officiers à titre temporaire mis à la retraite par application de la loi du 22 Juillet 1921.

Art. 74. — A l'exception des fontionnaires qui figuraient au jour de la promulgation de la loi sur une liste d'admissibilité ou sur une liste de classement à un emploi donnant droit à une pension militaire, aucun fonctionnaire, employé ou ouvrier civil nommé postéri-eusement à la promulgation de la présente loi ne sera plus admis au bénéfice des pensions militaires.

Pour tenir compte des droits acquis, les fonctionnaires, employés civils et ouvriers dont la nomination est antérieure à la présente loi et .qui ont été admis au bénéfice des pensions militaires par application des textes législatifs ou règlements actuellement en vigueur, continueront à bénéficier du régime institué par ces lois ou règlements au point de vue du droit à pension d'ancienneté et des bonifications pour campagnes.

Toutefois, et par dérogation aux dispositions de l'article 2 de la présente loi, seront traités pendant le temps durant lequel ils jouiront de la pension militaire :

Comme adjudants-chefs. — Les ouvriers immatriculés de la guerre chefs d'atelier.

Comme adjudants. — Les ouvriers immatriculés de la guerre contremaîtres.

Comme sergent-majors. — Les ouvriers immatriculés de guerre chefs d'équipe.

Comme sergents. — Les ouvriers immatriculés de 1re classe de la guerre.

- Comme soldats. — Les ouvriers immatriculés de 2e classe de la guerre.

Comme quartiers-maîtres des directions de port. — Les chefs ouvriers immatriculés de la marine.

Comme marins des directions de port. — Les ouvriers immatriculés de la marine.

Les ayants cause des personnels visés au présent article pourront opter soit pour les pensions d'invalidité de la loi du 31 Mars 1919 s'ils réunissent les conditions exigées par cette loi, soit pour les dispositions du chapitre III, du titre 1er de la présente loi. Dans ce dernier cas, et si le mari ou le père comptait au moment de son décès moins de vingt-cinq ans de services effectifs à l'Etat, la pension de la veuve ou des orphelins sera calculée sur la base d'une pension proportionelle à la durée des services.

Les ouvriers immatriculés qui ont opté pour le régime des retraites des établissements industriels de l'Etat (loi du 21 Octobre 1919) auront la faculté d'opter dans un délai de sis mois à partir du jour de sa promulgation, pour le régime prévu par le présent article.

La rente viagère ou la pension correspondant aux versements effectués à leur nom au titre de la loi du 21 Octobre 1919 leur restera acquise mais viendra en déduction de la pension calculée suivant les règles de la présente loi. Cette rente viagère sera calculée pour les ouvriers ayant effectué des versements à capital réserve comme si les versements avaient été faits à capital aliéné.

Art. 75. — Les services rendus par les Chefs d'ateliers de la guerre ou des manufactures de l'Etat et par les agents techniques de la marine pendant le temps durant lequel ils auront servi soit dans les ateliers, soit sur les chantiers, soit à bord des bâtiments de l'Etat, sont assimilés aux services rendus dans la partie active.

Art.76.— Les fonctionnaires et employés faisant partie des personnels civils bénéficiant du régime des pensions militaires, nommés antérieurement à la promulgation de la présente loi, pourront opter pour le régime commun à tous les fonctionnaires et employés civils.

Ceux de ces fonctionnaires ou employés qui ont été admis à la retraite à titre d'infirmités, antérieurement à la promulgation de la présente loi, pourront, s'ils réunissaient les droits à pension d'ancienneté au moment de leur radiation des contrôles, être admis au bénéfice des pensions d'ancienneté dans les conditions fixées par la présente loi.

Art. 77 — Les agents actuellement en fonctions conserveront le bénéfice des dispositions présentement en vigueur pour les services accomplis antérieurement à la promulgation de la présente loi toutes les fois que ces dispositions sont plus favorables que celles de la présente loi.

Art. 78. — Le bénéfice de l'article 1er de la loi du 25 Juin 1914 est étendu au personnel de surveillance des services pénitentiaires (gardiens et gardiens-chefs), ainsi qu'aux commissaires de police et inspecteurs de police spéciale et mobile et aux agents de police de l'Etat.

Art. 79. — Les fonctionnaires et employés civils anciens combattants jouiront, pour la retraite, des avantages suivants :

1° — Ils pourront obtenir une mise à la retraite anticipée. L'âge et la durée des services à partir desquels cette demande sera recevable seront ceux appliqués aux autres bénéficiaires de la loi de leur catégorie, déduction faite d'un nombre d'années égal à la moitié des années de services accomplies, pendant la campagne 1914-1919 ;

2° — Si, par suite de l'exercice de leurs fonctions les infirmités ou maladies constractées dans la zône des armées pendant la guerre 1914-1919 par les bénéficiaires de la présente loi viennent à s'aggraver au point de les mettre dans l'impossibilité de continuer leurs fonctions ils pourront, par extention des dispositions de l'article 21, obtenir une pension exceptionnelle, quels que soient leur âge et la durée de leur activité.

Le taux de cette pension est celui prévu par ledit article 21, accru de la liquidation des bénéfices de campagnes ;

3° — Ils peuvent invoquer le bénéfice de l'article 14 de la présente loi ;

4° — Le droit à la revision ou à la constitution des pensions conformément aux dispositions du présent article est ouvert :

a/ Aux titulaires de pensions déjà liquidées ou à leurs ayants droit ;

b/ Aux ayants droit de fonctionnaires décédés avant la promulgation de la présente loi ;

5° — Pour l'application des dispositions de l'article 10 de la loi du 18 Avril 1831, modifié par l'article 127 de la loi du 13 Juillet 1911. et de l'article 2 de la loi du 5 Août 1879 sur. les pensions du personnel du département de la marine et des colonies, est assimilé au temps de service effectif aux colonies le temps passé sous les drapeaux par les fonctionnaires de la marine et des colonies entre le 2 Août 1914 et le 24 Octobre 1919, ainsi que le temps passé à l'hôpital ou en congé de convalescence après leur démobilisation par suite de blessures ou maladies contractées au cours de leur mobilisation.

Les avantages reconnus par le présent article sont accordés aux fonctionnaires dégagés de toute obligation militaire et à ce qui, par ordre, sont restés à leur poste pendant l'occupation ennemie, ainsi qu'à tous les fonctionnaires qui ont été tenus de résider en permanence ou d'exercer continuellement leurs fonctions dans les localités ayant bénéficié de l'indemnité de bombardement.

Pour cette dernière catégorie de fonctionnaires, il sera tenu compte des conditions ci-dessus pour la période comprise entre le 1er Janvier et le 1er Décembre 1916.

Les fonctionnaires qui, dégagés de toute obligation militaire, ont contracté un engagement pour la durée de la guerre dans une arme combattante, auront la faculté de prolonger leur service au delà de l'époque où s'ouvre leur droit à pension d'un temps égal à celui de leur mobilisation, sauf avis contraire du conseil d'enquête établi en exécution de l'article III de la loi du 30 Juin 1923.

Art. 80. — Les bénéficiaires civils ou militaires de la présente loi pourront compter, dans la liquidation de leur pension. nonobstant les maxima prévus aux articles 2 et 34, les annuités supplémentaires acquises au titre des bénéfices de campagne pendant la guerre 1914-1919, sans que le taux de la pension puisse dépasser, en sus du minimum, la valeur de quinze annuités supplémentaires, compte tenu de tous les éléments entrant dans le calcul de la pension.

Art. 81. — Un règlement d'administration publique déterminera dans les six mois de la promulgation de la présente loi les mesures propres à en assurer l'exécution.

Art. 82. — La présente loi est applicable à l'Algérie et aux colonies. Des règlements d'administration publique en détermineront prorogé jusqu'à l'expiration du sixième mois suivant la promulgation de la présente loi.

Art. 83. — Le délai d'option prévu par l'article 3, paragraphe 5, de la loi du 22 Juillet 1923, relative au statut des fonctionnaires des départements du Haut-Rhin, du Bas-Rhin et de la Moselle. est prorogé jusqu'à l'expiration du sixième mois suivant la promulgation de la présente loi.

Un décret spécial fixera, dans un délai de trois mois, les modalités de cette option et les conditions dans lesquelles la présente loi sera appliquée aux départements du Haut-Rhin, du Bas-Rhin et de la Moselle.

La présente loi ne pourra, en aucun cas, s'appliquer à ceux qui ont servi, sans autorisation de l'Etat français, dans une armé étrangère, comme officier ou assimilé de l'armée active.

Art. 84. — Sont abrogées les dispositions des lois antérieures en ce qu'elles ont de contraire à la présente loi

TITRE V

Régime financier des retraites

Art. 85. — Il est créé, sous la garantie de l'Etat, en vue du service des pensions civiles militaires accordées par la présente loi, une « Caisse des pensions », qui reçoit et capitalise : d'une part ; les retenues prélevées sur les traitements, les salaires et les soldes, d'autre part, les subventions à la charge de l'Etat.

Le ministre des finances est autorisé à ajourner la mise en œuvre de la caisse des pensions jusqu'au 1er Janvier 1928.

Art. 86. — La caisse des pensions est dirigée par un conseil composé de vingt-quatre membres, savoir :
Le directeur du budget et du contrôle financier du ministère des finances ou son délégué, le directeur général de la caisse des dépôts et consignations ou son délégué, le directeur de la dette inscrite ou son délégué, le directeur de la comptabilité publique ou son délégué, un conseiller d'Etat et un conseiller de la cour des comptes désignés par chacune de ces assemblées, un membre désigné par le ministre de la guerre, un membre désigné par le ministre de la marine, trois sénateurs désignés par le Sénat, cinq députés désignés par la Chambre, huit représentants

de fonctionnaires, d'employés ou d'ouvriers élus par le personnel parmi les agents en activité ou en retraite, pour une durée renouvelable de deux ans.

Le fonctionement administratif de ladite caisse sera déterminé par règlement d'administration publique.

Art. 87.   La caisse des pensions établit sa situation financière au 31 Décembre de chaque année, en faisant ressortir, d'une part, séparément pour les pensions civiles et pour les pensions militaires la valeur des droits liquidés et des droits en formation, et d'autre part, le montant de son actif. Cette situation fait l'objet d'un rapport indiquant les moyens dont dispose la caisse pour assurer l'équilibre de ses ressources et de ses charges. Ce rapport est adressé au ministre des finances et publié au Journal Officiel.

Art. 88. — Les dépenses administratives de la caisse des pensions sont assurées par des crédits inscrits au budget du ministère des finances.

Art. 89. — En cas d'augmentation des traitements, des soldes ou salaires des fonctionnaires et employés civils, des militaires et marins, la caisse des pensions reçoit, à l'aide de crédits spéciaux ouverts à cet effet par la loi même d'augmentation le complément de réserves mathématiques nécessaire pour faire face à l'accroissement de ses charges et parer à l'insuffisance des retenues et des subventions versées antérieurement au profit des fonctionnaires employés civils, militaires et marins en activité de services, lors de la mise en vigueur du régime nouveau.

Art. 90. — Les pensions attribuées conformément aux dispositions de la présente loi sont inscrites au Grand-Livre de la dette publique et payées par le Trésor.

La caisse des pensions rembourse au Trésor les arrérages payés sur les pensions concédées aux fonctionnaires entrés dans l'administration à dater de la promulgation de la présente loi, ainsi qu'à leurs veuves et orphelins.

Les conditions et délais de remboursement seront déterminés par le règlement d'administration publique prévu à l'article 91 ci-après.

Art. 91. — Les fonds de la caisse des, pensions, provenant des retenues des subventions correspondantes, sont gérés par la caisse des dépôts et consignations. Ils sont placés, sur la désignation de la caisse des pensions et avec l'autorisation du ministre des finances, en rentes ·sur l'Etat, en valeur du Trésor, ou jouissant de la garantie de l'Etat, en prêts aux départements, communes, colonies ou pays de protectorat.

Les placements en rente sur l'Etat, en valeur du trésor, ou jouissant de la garantie de l'Etat, sont effectués gratuitement par la caisse des dépôts et consignations, moyennant le simple remboursement des droits et frais de courtage ou d'acquisition. La caisse des dépôts et consignations ne peut se refuser à exécuter les ordres d'achat ou de vente, sauf à les fractionner, s'il y a lieu, suivant la situation du marché. En outre, pour les ordres de vente, l'autorisation préalable du ministre des finances doit avoir été donnée à la caisse des pensions.

Les prêts aux départements, communes, colonies ou pays de protectorat, autorisés dans les conditions ci-dessus, donnent lieu à l'établissement de traités passés entre la caisse des pensions et les emprunteurs, pour en fixer les conditions et les modalités. Ils sont notifiés à la caisse des dépôts et consignations qui, aux époques indiquées, verse les fonds au Trésor.

Le compte courant ouvert par la caisse des dépôts et consignations au profit de la caisse des pensions produit un intérêt égal à celui du compte courant de la caisse des dépôts et consignations au Trésor. Sont imputés à ce compte les versements des retenues et des subventions.

Un règlement d'administration publique, rendu sur la proposition du ministre des finances, après avis de la commission de surveillance de la caisse des dépôts et consignations, déterminera les mesures d'exécution relative à la gestion financière.

TITRE VI

Dispositions concernant les retraites déjà concédées

Art. 92. — A dater de la promulgation de la présente loi, les fonctionnaires et employés de l'Etat, les militaires, marins et assimilés, titulaires de pensions de retraite, ainsi que leurs ayants cause, obtiendront un relèvement de leurs pensions dans les conditions indiquées aux articles ci-après.

Art. 93. — La pension principale des retraités visés au précédent article sera affectés tout d'abord du coefficient suivant :

Coefficient, 3, jusqu'à neuf cents francs (900frcs) ;

Coefficient, 2, 5 pour les pensions comprises entre neuf cent un francs et mille cinq cents francs (901 et 1.500 frs) ;

Coefficient 2, 25 pour les pensions comprises entre mille cinq cent un et deux mille cinq cents francs, (1.501 et 2.500 frs) ;

Cœfficient 2 pour les pensions comprises entre deux mille cinq cent un et six mille francs (2.501 et 6.000 frs) ;

Pour les pensions supérieures à six mille francs (6.000 frs), la première fraction de six mille francs (6.000 frs) sera seule affectée du coefficient 2.

Le chiffre produit par l'application de ces coefficients sera majoré, le cas échéant, de telle sorte que la pension soit au moins égale à une pension de la catégorie inférieure affectée d'un coefficient plus élevé.

Quand plusieurs pensions sont fixées sur la même tête, le coefficient est déterminé d'après le total des pensions.

Il ne sera pas fait état, pour l'application de ces coefficients, de l'indemnité temporaire de cherté de vie allouée par la loi du 12 Avril 1922, ni de tous suppléments, majorations ou compléments de pensions acquis par application de la loi du 25 Mars 1920.

Art. 94. — Il sera procédé ensuite à la revision de leur retraite d'après le décompte des services établi lors de la liquidation initiale et sur la base des traitements et soldes afférents, au jour de la promulgation de la présente loi, aux grades et emplois occupés pendant les trois dernières années de la carrière.

La retraite, ainsi revisée, remplacera, si elle est supérieure, la pension affectée du coefficient prévu à l'article précédent.

Pour les grades et les emplois qui auraient été supprimés, des décrets en Conseil d'Etat, rendus dans les deux mois de la mise en vigueur de la présente loi, règleront, pour chaque administration, leur assimilation avec les grades et les emplois actuellement existants.

Dans les cas où il serait impossible de retrouver ou de reconstituer les états de services des intéressés, cette impossibilité matérielle serait constatée par la section des finances du Conseil d'Etat, qui déterminerait, par toutes méthodes appropriées, la catégories de la nouvelle retraite.

Art. 95. — Le supplément de pension attribué par application des dispositions qui précèdent remplacera l'indemnité de cherté de vie allouée par la loi du 12 Avril 1922, qui cessera d'être servie aux bénéficiaires de ces dispositions. Toutefois, les titulaires de pension, qui bénéficiaient de cette indemnité avant la promulgation de la présente loi et pour lesquels la pension augmentée du supplément n'atteindrait pas le montant de leur ancienne pension augmentée de l'indemnité, recevront un complément de pension suffisant pour que leur situation actuelle ne soit pas modifiée.

La présente loi, délibérée et adoptée par le Sénat et par la Chambre des députés, sera exécutée comme loi de l'Etat.

Fait à Paris, le 14 Avril 1924.

Signé : MILLERAND

Le Ministre des Finances
Signé : F. François-MARSAL.

www.ingramcontent.com/pod-product-compliance
Lightning Source LLC
LaVergne TN
LVHW020443060726
842525LV00005B/1519